TRAITÉ DES INTONATIONS

Méthode pour prendre toutes les intonations

Avec la même facilité, même les plus bizarres et les plus étranges;

complément indispensable de tous les Solféges qui existent.

PAR

A. AULAGNIER

Édition Populaire

PRIX NET : **2** FRANCS

PARIS

MACKAR & NOËL, Éditeurs-Commissionnaires

22, Passage des Panoramas (Galerie Galerie)

Propriété pour tous pays. — Déposé.

Tous droits d'exécution, de traduction, de représentation et de reproduction réservés.

1891

TRAITÉ DES INTONATIONS

MÉTHODE THÉORIQUE ET PRATIQUE POUR ARRIVER

À PRENDRE TOUTES LES INTONATIONS AVEC LA MÊME FACILITÉ,

MÊME LES PLUS BIZARRES ET LES PLUS ÉTRANGES.

COMPLÉMENT INDISPENSABLE DE TOUS LES SOLFÈGES QUI EXISTENT

AXIOME

TOUTES LES INTONATIONS SONT ÉGALEMENT FACILES!!!

Contrairement à une erreur généralement répandue, je donne ce principe comme un axiome, c'est-à-dire comme une vérité incontestable, comme une vérité que je m'engage à démontrer. Bien des personnes traiteront de paradoxe ce que je donne ici comme un axiome, cependant j'ose affirmer, quelque nombreuses que soient les opinions contraires, qu'après avoir lu cette méthode, après avoir mis en pratique les moyens que je donne, toute personne douée par la nature des dispositions musicales les plus ordinaires, toute personne en état de chanter avec assurance et justesse, la GAMME NATURELLE, *ut*, *ré*, *mi*, *fa*, *sol*, *la*, *si*, *ut* sera en état d'apprendre *d'elle même, et avec facilité*, toutes les intonations quelles qu'elles soient, même les plus bizarres et les plus étranges.

Je n'ai certes pas la prétention de donner de l'esprit aux idiots, ni de donner de l'oreille à ceux que la nature a privé de toute organisation musicale.

Je n'ai pas plus la prétention d'avoir rien inventé, je crois seulement que j'ai le premier osé dire, imprimer et démontrer ce qu'aucun des auteurs des nombreux solféges qui existent, n'a jamais dit, ni imprimé, ni enseigné.

D'où vient que les bons lecteurs sont si rares? d'où vient que tel chanteur de talent, tel artiste, exécutant de première force sur un instrument, se trouve embarrassé si on lui présente une romance ou une partie d'un chœur à déchiffrer avec la voix; c'est que ce chanteur possède à fond l'art de chanter, c'est possible; c'est que ce pianiste possède le mécanisme du Clavier, mais que ni l'un, ni l'autre, ne sait lire la musique dès qu'il est privé de son instrument qui lui donne les intonations toutes faites, c'est que ni l'un ni l'autre ne possède le mécanisme des intonations, c'est que tous ont été mal enseignés, parce qu'aucun de tous les solféges qui existent, du moins à ma connaissance, n'enseigne l'art, je dirai même, la science des intonations.

Aucun des ouvrages écrits jusqu'à ce jour pour apprendre à lire la musique n'a osé formuler ce principe fondamental de l'enseignement élémentaire, tous ont laissé les élèves dans cette croyance erronée, *qu'il existe des intonations difficiles !!!*

Je viens aujourd'hui m'élever contre cette erreur, et dire haut et fort, TOUTES LES INTONATIONS SONT ÉGALEMENT FACILES! rien n'est plus vrai, rien n'est plus clair, rien n'est plus incontestable.

Je disais cela un jour à un artiste distingué, auteur de nombreux ouvrages pour l'enseignement élémentaire, mais qui comme tous ses prédécesseurs a laissé croire qu'il y avait des intonations difficiles, et qui n'a pas dit un mot pour réfuter cette erreur. Oh ! me répondit-il, certainement toutes les intonations devraient être également faciles pour un bon lecteur : permettez, répondis-je, j'ai dit, *sont également faciles.*

Il m'opposa à l'instant, l'intervalle de *seconde augmentée ut, ré* ♯ : et la *tierce diminuée ut* ♯, *mi* ♭, comme étant d'une difficulté insurmontable pour certains élèves.

Je lui donnai à l'instant, la manière, le procédé au moyen duquel ces intervalles deviennent aussi faciles, qu'une *seconde* ou une *tierce* ordinaire. Oh ! s'écria-t-il, si ce n'est que cela tout le monde le sait !

Oui cela est vrai, c'est précisément l'histoire de l'œuf de *Christophe-Colomb* (*) quand le procédé est indiqué, rien n'est plus simple, *tout le monde le sait !* Mais alors pourquoi ne l'avez-vous pas enseigné avant moi ! pourquoi, aucune méthode de Chant, aucun solfége n'a dit un mot de cette question que vous trouvez maintenant si simple, si claire ?

Eh bien ! je le répète, s'il y a si peu de bons lecteurs, si tant de grands artistes sont incapables de lire à première vue une partie d'un morceau d'ensemble, c'est que la musique vocale est mal enseignée, c'est que les solféges ne disent pas un mot des intonations, c'est que, on n'apprend aux élèves que le mécanisme des valeurs des notes, sans leur faire connaître le caractère, la physionomie de chaque intervalle, sans leur apprendre l'esthétique de la lecture, c'est-à-dire la théorie de la science des intonations fondée sur la nature, sur l'oreille, sur le goût.

Tout le mal vient donc de la manière irrégulière dont on fait la première éducation musicale. En effet, entrez dans une classe de solfége, vous y voyez

(*) *Christophe Colomb* avait parié qu'il ferait tenir un œuf droit sur une assiette sur le petit bout, il gagna son pari en cassant légérement la coquille.

ordinairement un professeur qui serine à un élève une leçon de solfége au moyen d'un violon ou d'un piano ? qui lui indique d'avance et toutes faites, les intonations qu'il devrait trouver lui-même avec ses propres forces. Si au lieu de lui apprendre une leçon par cœur, on organisait son oreille et son intelligence musicale, si on l'habituait à connaître le caractère et la physionomie de chaque intervalle, il les reconnaîtrait au passage, et dans peu de temps, il saurait se guider lui-même dans le labyrinthe des intonations, où il s'égare continuellement faute d'un fil conducteur, qui lui manque, et qu'on néglige de lui donner.

Ce fil conducteur c'est la tonalité, c'est LA GAMME, c'est l'ACCORD PARFAIT, c'est en un mot LA TONIQUE, dont il ne faut jamais se séparer, et qui doit toujours être présente pour une oreille exercée. Et qu'on ne croie pas que c'est un travail pénible et inabordable, je vais démontrer l'évidence de mon axiome, je vais développer mon système, et montrer les procédés qui suffiront en très peu de temps à tout élève pour lire et entonner avec facilité toute musique courante, pourvu qu'il soit doué par la nature des dispositions les plus ordinaires.

Avant de commencer les exemples, et je ne crains pas de me répéter, je dois m'élever avec force contre la déplorable habitude d'apprendre le solfége avec le secours d'un piano accompagnateur ou d'un violon ; c'est le moyen le plus sûr d'empêcher l'élève d'apprendre ; on lui serine un air, voilà tout. Il n'y a qu'un moyen raisonnable et utile d'enseigner le solfége, c'est de bannir de la classe tout espèce d'instrument ; un diapason suffit.

C'est par le moyen d'une tonique fortement accentuée, et d'un accord parfait *ut mi sol*, qu'il faut accoutumer l'élève à se guider, à s'orienter lui-même pour toutes les intonations qui suivent.

Il est vrai qu'il faut pour cela un professeur habile qui puisse lui-même et sans le secours d'aucun instrument diriger et soutenir les premiers pas de l'élève, et le ramener à la tonalité s'il s'en écarte. Je puis affirmer que tout professeur intelligent qui voudra mettre en pratique mes préceptes, sera en très peu de temps capable de diriger ses élèves.

PREMIÈRE LEÇON.

DES INTERVALLES NATURELS.

J'ai dit qu'un élève qui sait chanter avec assurance et justesse la gamme naturelle, *ut, re, mi, fa, sol, la, si, ut,* possède déjà le moyen infaillible de prendre avec facilité tous les intervalles naturels, de *seconde, tierce, quarte, quinte, sixte, septième et octave.*

En effet, si l'on sait chanter la gamme, on saura bientôt chanter l'accord parfait, *ut mi sol ut,* voilà un grand pas de fait, car vous savez déjà prendre avec assurance, une *tierce* une *quinte* et une *octave.* Il ne s'agit plus que de reconnaître ces intervalles, c'est-à-dire, d'étudier leur physionomie.

Il est bon de remarquer dès à présent que la gamme naturelle, c'est-à-dire la gamme mélodique, est la même sur tous les degrés de la gamme d'*ut*; il en est de même de l'accord parfait.

Toute gamme naturelle est composée de *tonique, seconde, tierce, quarte, quinte, sixte, septième, octave.* Ainsi toutes les gammes suivantes sont identiquement les mêmes pour l'oreille. Vocalisez ces gammes sans nommer les notes, en disant seulement *a a a a.*

Par conséquent, si je dis que *ut mi* est une *tierce, ré fa* ♯. — *mi sol* ♯. — *fa la*. — *sol si*, — *la, ut* ♯. — *si ré* ♯. sont également des tierces identiquement les mêmes pour l'oreille. Il en est de même de tous les autres intervalles de la gamme.

L'élève doit donc se borner dans les premiers exercices à reconnaître la physionomie de chaque intervalle en commençant par la *tierce*, et ainsi de suite.

Si l'élève en entendant chanter une tierce, *ut, mi*, ou une quinte *ut sol*, ne reconnaît pas l'intervalle, s'il hésite, il a le moyen de vérifier à l'instant; en remplissant les intervalles vides, c'est-à-dire en chantant *ut ré mi, ut mi*, tierce. Ou bien *ut ré mi fa sol; ut sol*, quinte. Avec ce moyen, la physionomie de l'intervalle mis à nu, se dessine parfaitement, se grave, s'incruste dans l'oreille, et en peu de temps, même en l'absence du nom des notes, l'élève reconnaîtra l'intervalle, s'il l'entend, soit par une voix, soit par un instrument.

Je donnerai toujours des exemples sur des mélodies connues afin que l'élève reconnaisse l'intervalle plus facilement.

L'élève en chantant ces mélodies sur tous les degrés de la gamme, reconnaîtra la tierce qui est parfaitement caractérisée.

Dès que l'élève commencera à reconnaître la tierce, le professeur lui fera entendre cet intervalle sur tous les degrés de la gamme, sans articuler le nom des notes, mais en chantant :

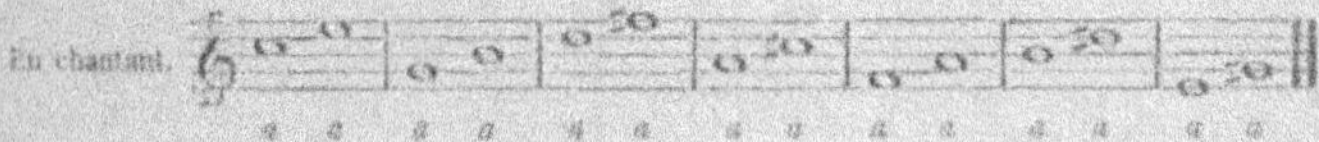

Toutes ces tierces sont identiquement les mêmes.

Les mêmes exercices devront être faits sur les tierces mineures, qui sont aussi un intervalle naturel.

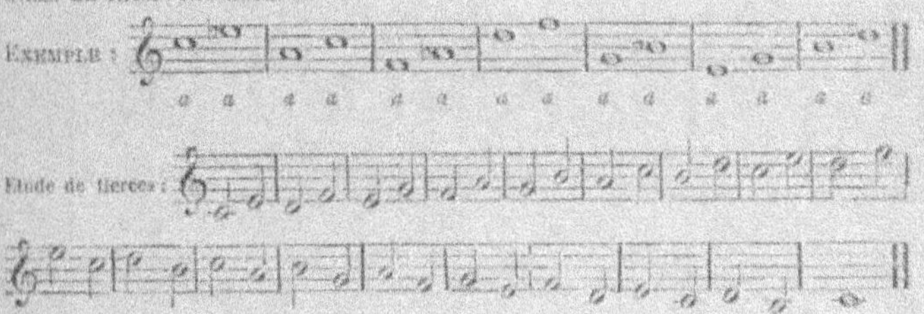

DEUXIÈME LEÇON.

INTERVALLE DE QUARTE.

Le mécanisme quoique plus compliqué est le même que pour la tierce,

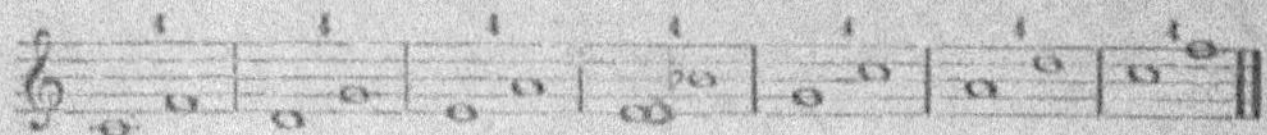

Même moyen de vérification : il faut appuyer avec assurance sur la tonique; j'appelle tonique la note d'où il faut partir pour avoir la quarte.

Ainsi pour la quarte *ré sol*, le *ré* est la tonique, alors le moyen de vérification est bien simple, s'il y a doute on dit, RÉ, MI, FA, SOL, et ensuite, supprimez les notes intermédiaires. Vous avez les deux extrêmes, *ré sol*, répétez cet exercice sur toutes les notes de la gamme, et bientôt l'intervalle de *quarte* apparaîtra à votre oreille clair et distinct, sa physionomie se dessinera nettement, et ne se confondra jamais avec la *tierce*.

Exemples mélodiques où la *quarte* est employée :

TROISIÈME LEÇON.

INTERVALLE DE QUINTE.

Même procédé, mais bien plus facile que la *quarte*, car la *quinte* est le résumé de l'accord parfait :

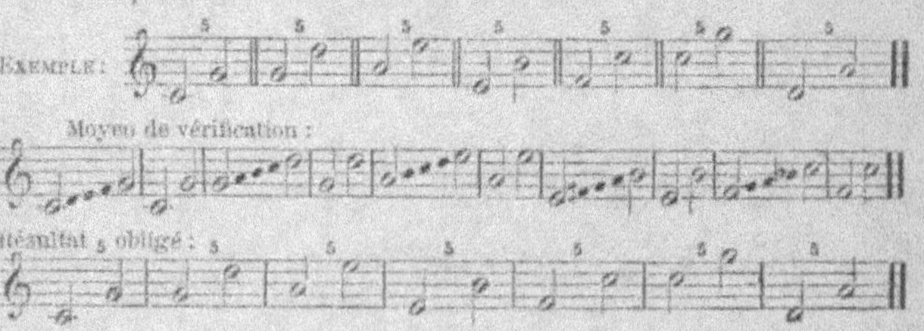

QUATRIÈME LEÇON.

INTERVALLE DE SIXTE.

Cet intervalle présente un peu plus de difficulté que les précédents à cause de la grande distance qui sépare la sixte de la tonique. Mais l'oreille déjà organisée par les exercices précédents aura bien plus de facilité pour remplir les intervalles vides ; et l'accord parfait qu'on ne doit jamais abandonner, est toujours présent comme une sentinelle qui vous empêche de vous écarter de la bonne route. En effet pour prendre avec assurance l'intervalle de *sixte*, par exemple : *ut la*, établissez d'abord la tonique *ut*, ensuite l'accord parfait, *ut, mi, sol*; eh bien ! le *sol* dont vous êtes déjà bien sûr, vous donne le *la* sans difficulté ; en répétant cet exercice plusieurs fois, et sur chaque intervalle de la gamme on arrive bientôt à remplir mentalement tous les degrés de l'échelle et dès lors la sixte se présente d'elle-même, seule et isolée, soutenue par la quinte, sa voisine immédiate.

CINQUIÈME LEÇON.

INTERVALLE DE SEPTIÈME SENSIBLE.

Cet intervalle qui est le plus éloigné, paraît au premier abord le plus difficile. C'est une erreur ; la tonique est à la septième sensible ce que le jour de l'an est à la Saint-Sylvestre. S'il en est le plus éloigné, il en est aussi le plus près.

Le moyen de franchir avec assurance tout l'intervalle qui sépare la tonique de la septième, c'est de prendre, d'abord à haute voix, et plus tard à voix basse, ou mentalement, l'octave, c'est-à-dire : 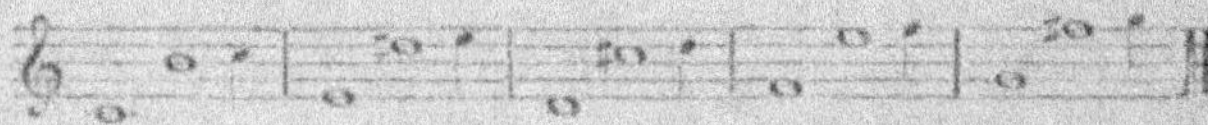 il est évident que si l'oreille entend, ou sous-entend l'octave, le *si* qui tout en étant la septième de l'*ut bas*, est aussi la note sensible de l'*ut haut*, se présente de lui-même à l'oreille, qui alors, entend : au lieu d'entendre la septième nue et isolée : et lorsque l'oreille entendra bien l'octave, elle pourra la supprimer totalement, et dire avec la même facilité :

la septième mineure dite septième dominante, se prend par un mécanisme tout contraire, exemple : le *si naturel* se prend comme note sensible par l'octave. Mais le *si* ♭, demandant au contraire à descendre sur le *la*, doit se prendre avec le secours de ce *la* qui est la note appelée.

Exemple de la septième dominante :

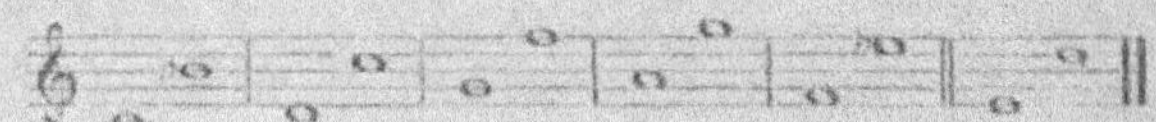

Voici les notes appelantes qui doivent être sous entendues :

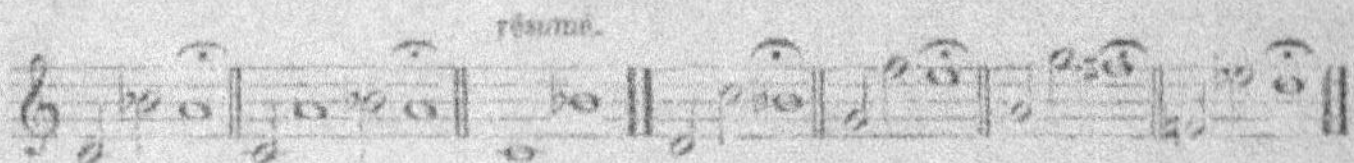

Un exercice intelligent de quelques jours suffira pour familiariser l'élève avec ce mécanisme de notes sous entendues, notes nécessaires, indispensables pour acquérir une intonation assurée et inébranlable.

Dans tous les exercices qui précèdent, j'ai adopté la gamme d'*ut*, comme type, mais que l'élève n'oublie jamais, que lorsqu'il s'agit d'intervalle, il n'existe plus de TON D'UT ; il n'y a plus qu'une TONIQUE, une TIERCE, QUARTE, QUINTE, SIXTE et SEPTIÈME.

Lorsque l'élève aura étudié les premiers exercices en nommant les notes il devra vocaliser tous les intervalles en disant seulement A A A.

et ainsi de suite sur tous les degrés de la gamme.

SIXIÈME LEÇON.

DE L'INTERVALLE DE NEUVIÈME, DIXIÈME, etc.

Je ne donnerai qu'un exemple pour ces intervalles qui peuvent se résumer par la seconde et la tierce.

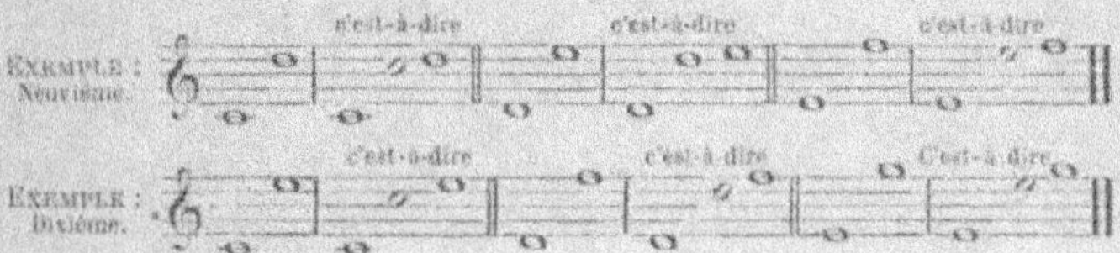

Leçon dans laquelle les intervalles de septième, octave, neuvième et dixième sont employés.

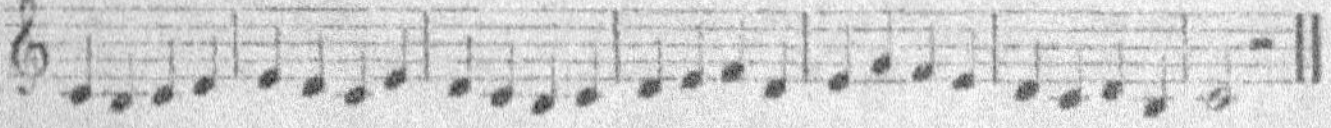

Même leçon, telle qu'on doit la supposer écrite pour faciliter les intervalles,

SECONDE PARTIE

DES INTERVALLES ALTÉRÉS

SEPTIÈME LEÇON.

Jusqu'à présent je n'ai considéré les intervalles naturels ou consonnants que comme le résumé de la gamme naturelle, mais ici vont se présenter, du moins en apparence, les difficultés qui font l'effroi des amateurs.

Rassurez vous!! ces difficultés ne sont qu'apparentes, elles n'existent pas réellement, elles ne sont que le résultat d'une illusion, et le vice d'une première éducation incomplète. C'est un fantôme qui vous effraye de loin, mais approchez, regardez-le en face, il s'évanouira à l'instant.

Les procédés pour faire disparaître ces prétendues difficultés se résument toujours par des *notes appelées* et des *notes appelantes*, tous les intervalles difficiles contiennent une note qui demande à monter ou une note qui demande à descendre, là est tout le secret. C'est le mot de l'énigme, c'est la clef qui fait disparaître à l'instant toute difficulté.

Les intervalles réputés difficiles sont *la seconde augmentée, la tierce diminuée, la quarte diminuée, la quarte augmentée, la quinte augmentée, la sixte augmentée,* dite *sixte superflue* et la *septième diminuée;* la *neuvième, la dixième augmentée,* ne sont en réalité que la répétition à l'octave de la 2°, 3°, augmentée.

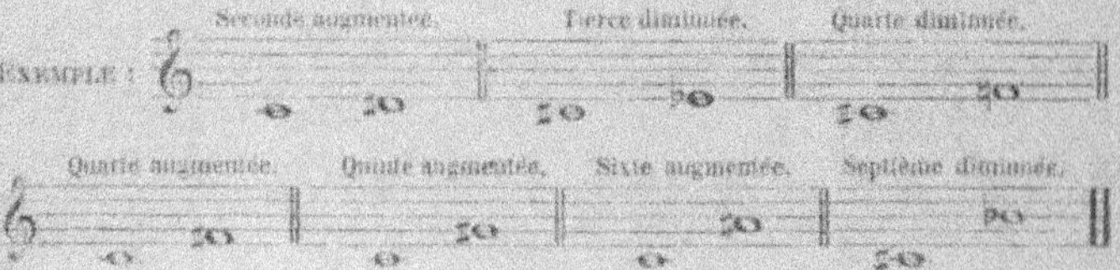

Je ne connais pas d'autres intervalles qui présentent des difficultés sérieuses. Je parlerai plus tard des intervalles enharmoniques, qui, loin de présenter des difficultés, les font au contraire disparaître.

Les intervalles altérés ne présentent des difficultés d'intonation que parce que l'on s'obstine à leur donner une existence réelle, tandis qu'ils ne sont qu'une préparation, se résolvant nécessairement sur un intervalle naturel, qui en est le corollaire indispensable. je m'explique : l'intervalle altéré n'est qu'un intervalle transitoire qui tend nécessairement à se résoudre, à se sauver sur un intervalle naturel consonnant, sur une note réelle et fixe, sur laquelle l'oreille se repose.

En effet si l'élève, au lieu de se heurter contre une difficulté qui n'est qu'une illusion, contre une note imprenable, contre un intervalle qui n'existe pas, si l'élève, dis-je, veut examiner d'où vient cette note, et où elle veut aller, de ce moment la difficulté disparaît. Avant d'entrer dans la démonstration de mes principes, il est indispensable de définir les notes qui composent les intervalles altérés, et que j'ai déjà nommé, *notes appellatives*, et *notes appelées*.

Dans la gamme naturelle *ut ré mi fa sol la si ut*, il y a des *notes appellatives*, des *notes appelées*, et des notes qui ne sont ni l'un ni l'autre et que j'appellerai notes fixes, ou naturelles. Par exemple, *ut ré mi*, je puis m'arrêter sans que l'oreille me demande une suite. Il en sera de même si je dis *ut mi sol*. Je m'arrête encore l'oreille est satisfaite et ne demande rien parce que ces notes ne sont ni *appelantes* ni *appelées*, je puis aller jusqu'au *la* c'est encore la même chose. Mais si je dis *ut ré mi fa sol la si*, oh! alors ce n'est plus un repos, je ne puis plus m'arrêter, le *si*, septième note de la gamme, autrement dite note sensible, me demande impérieusement de la faire glisser sur l'*ut octave* où l'oreille se reposera avec satisfaction. Le *si*, *note sensible*, est donc une note appellative, parcequ'elle demande l'octave.

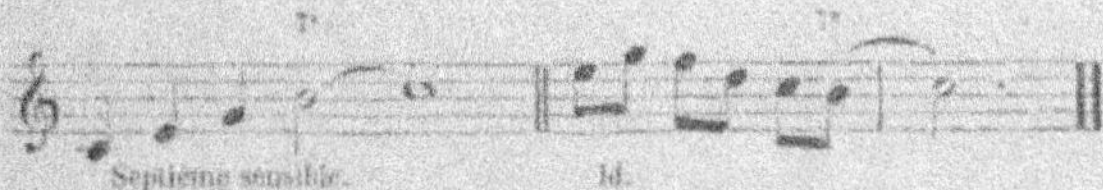

Dans quelques circonstances, le *fa* devient une note appellative qui demande à descendre sur le *mi*.

La septième note *si*, lorsqu'elle est bémolisée, devient encore une note appellative parcequ'elle demande à descendre sur le *la*. *Ut mi sol si ♭, la*. Elle s'appelle alors septième dominante.

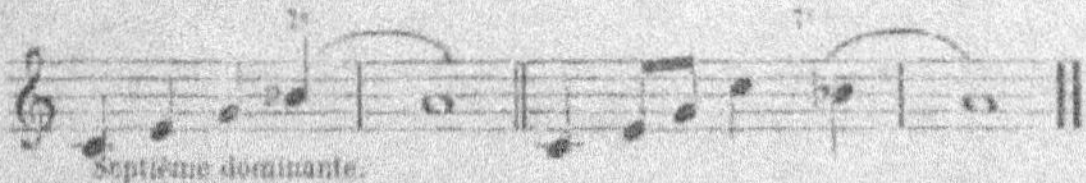

Ceci posé, je puis me résumer en disant que dans tous les intervalles altérés il y a des notes appellatives qui ont une physionomie transitoire un caractère inconstant, désireux, une tendance qui réclame un repos dont l'oreille a besoin.

HUITIÈME LEÇON.

DE L'INTERVALLE DE SECONDE AUGMENTÉE.

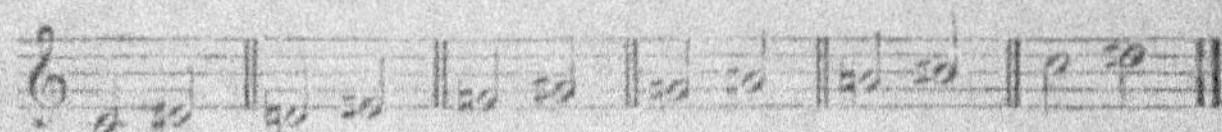

Cet intervalle est très-difficile, si on le considère sous un aspect isolé parce que le *ré♯* n'a pas une existence réelle. Mais si vous faite attention qu'il n'est en réalité, qu'une note sensible qui demande à glisser, à se reposer sur le *mi*, alors la difficulté disparaît. Faites donc entendre le *mi* avec assurance, et chantez plusieurs fois,

ce *mi* qui est la tierce naturelle de l'*ut* domine dès lors, et le *ré♯* n'étant plus qu'une note sensible n'est pas plus difficile à dire, que *si, ut,*

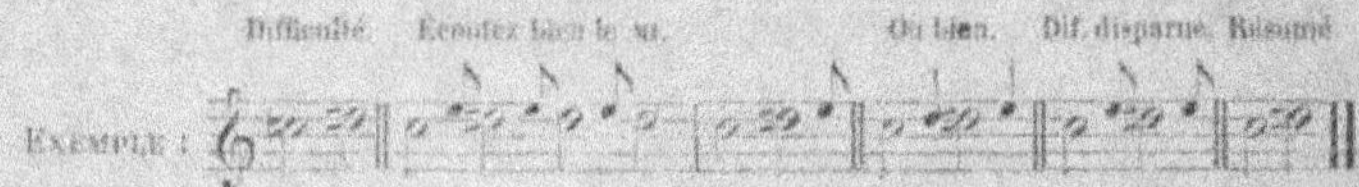

Ainsi, après avoir bien nourri l'oreille de la relation obligée du *ré♯* avec le *mi*, vous supprimez le *mi*, mais l'oreille l'entend toujours, dès lors, le *ré♯* devient une note sensible, et par conséquent très-facile à prendre parce que l'oreille lui présente toujours le *mi* désiré, ce *mi* nécessaire et indispensable.

Nota. Dans tous les exemples suivants j'écrirai toujours les notes qu'il faut sous-entendre en petites notes, elles ne sont là que pour que l'élève les entende en les voyant. Il va sans dire que cet exemple sera le même sur tous les degrés de la gamme. Ainsi, si je dis, *sol, la♯* c'est le *si* qui est appelé. Si je dis, *fa sol♯,* c'est le *fa* qui est appelé, etc, etc.

Il en sera de même pour l'intervalle de seconde augmentée en descendant, comme *mi, ré♭,* seulement, la note appellative est en sens inverse.

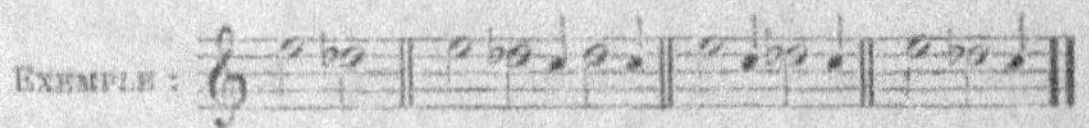

Ici le *mi* est la note fixe, et le *ré♭* est la note appellative qui demande à descendre sur l'*ut* pour se reposer sur la tierce majeure. C'est donc par le moyen de l'*ut* qu'il faut prendre le *ré♭.*

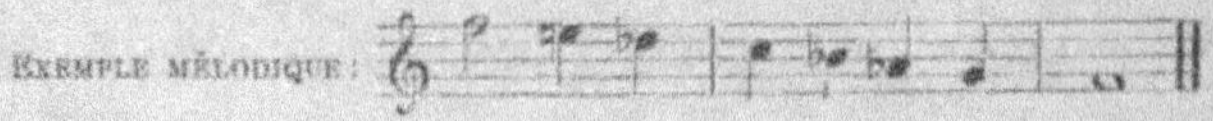

Dans certains passages mélodiques la seconde augmentée présente deux notes appellatives, comme dans *fa* ♯ *mi* ♭ ; le *fa* ♯ demande à monter au *sol*, le *mi* ♭ demande à descendre sur le *ré*. Ainsi cet intervalle se résout sur l'accord parfait ou *sol mineur*,

Exemple: 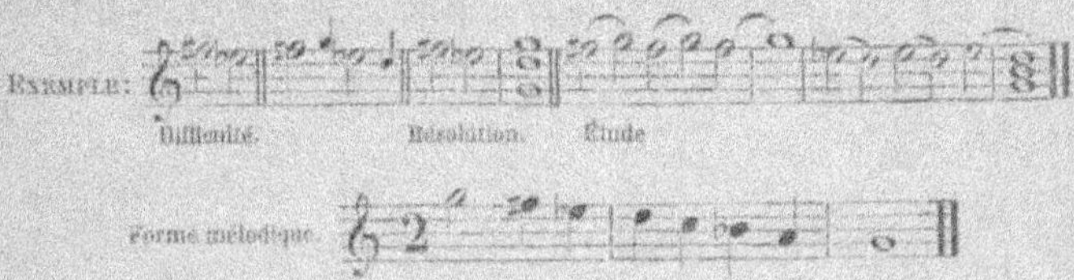

Forme mélodique. 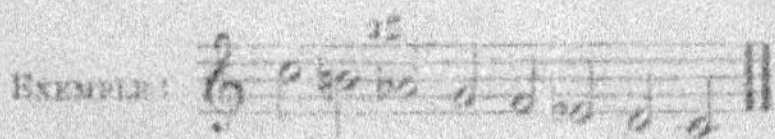

Si l'oreille continue à entendre le *ré* qui est le repos désiré, la difficulté n'existe plus et la seconde augmentée devient aussi facile qu'une seconde ordinaire.

Pourquoi dans l'exemple de la gamme mineure descendante, la difficulté de la seconde augmentée *si* ♮, *la* ♭, devient presque insensible?

c'est que la forme mélodique fait exactement ce que je recommande de faire c'est que le *si naturel* réclame l'*ut*, et que le *la* ♭ fait pressentir le *sol* sur lequel il vient se reposer.

Je ne puis éviter de demander ici, pourquoi la tierce mineure *ut mi* ♭, est très-facile à prendre, et pourquoi la seconde augmentée *ut ré* ♯, est si difficile? bien que sur le piano ces deux intervalles soient identiquement les mêmes? cette question dépasse peut-être les limites que je me suis imposé dans cette méthode, elle est peut-être trop élevée pour être traitée dans un ouvrage adressé à des élèves de solfège; quoiqu'il en soit, je dirai qu'une distance incommensurable sépare et distingue ces deux intervalles qui n'ont entre eux, ni rapport, ni analogie, ni ressemblance. La tierce mineure est l'antipode de la seconde augmentée.

La *tierce mineure*, *ut mi* ♭ est un intervalle consonnant, c'est l'accord parfait mineur et l'oreille se repose sur ce *mi* ♭ sans vous laisser le moindre désir, vous êtes en pleine gamme d'*ut mineur*.

La *seconde augmentée* au contraire appartient plutôt à la gamme de *mi* mineur qui n'a aucune relation avec celle d'*ut mineur*; tout un monde les sépare, et ce *ré* ♯ au lieu de vous présenter un repos naturel pour l'oreille comme le *mi* ♭, se présente à vous comme la note sensible c'est-à-dire une note appellative du *mi* sur lequel il tend invinciblement à se sauver.

NEUVIÈME LEÇON.

DE L'INTERVALLE DE TIERCE DIMINUÉE.

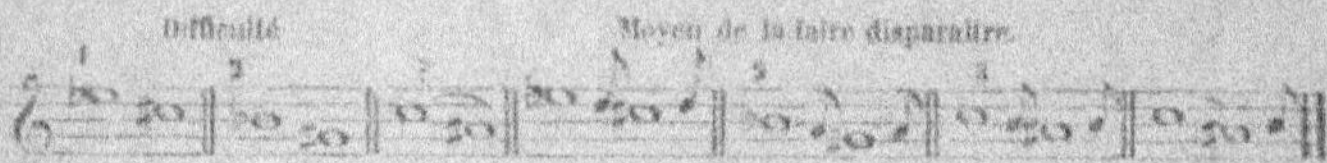

Cette difficulté disparaît comme la précédente si l'on fait entendre la note sur laquelle viennent se reposer ces deux notes appellatives. Le *mi* ♭ demande à descendre sur le *ré*, l'*ut* ♯ demande à monter sur le *ré* c'est donc cette note intermédiaire *ré*, qu'il faut faire entendre, et dès lors cet *ut* ♯ qui paraît le nœud de la difficulté devient une note sensible qui demande à se sauver sur le *ré* sous-entendu, il faut donc chanter d'abord :

Bientôt après vous sous-entendrez la *note appelée* que l'oreille entend encore forcément et vous chantez :

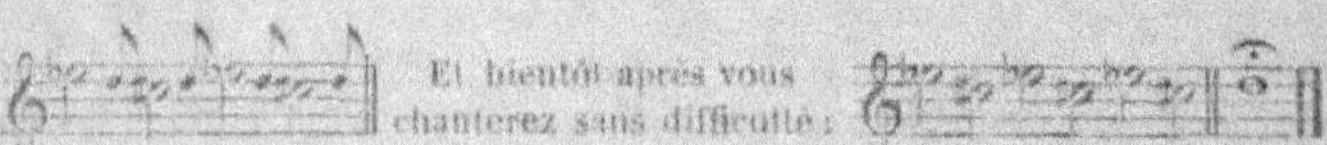

La preuve de l'excellence de ce procédé, c'est que toutes les fois que la *tierce diminuée* et la *seconde augmentée* se trouvent dissimulées sous une forme mélodique, les amateurs les plus ordinaires chantent ces intervalles avec facilité, et sans soupçonner la difficulté.

Voici un exemple tiré de la *Cenerentola* de Rossini qui contient ces deux intervalles. C'est une mélodie d'un charme inexprimable, et jamais chanteur n'a soupçonné qu'il franchissait sans s'en douter les deux plus grandes difficultés de l'intonation.

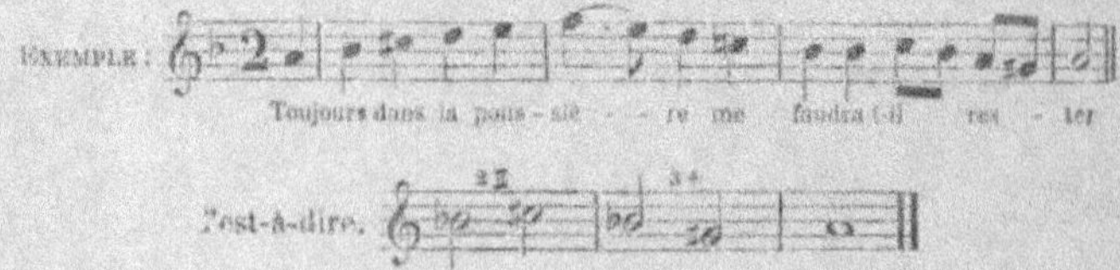

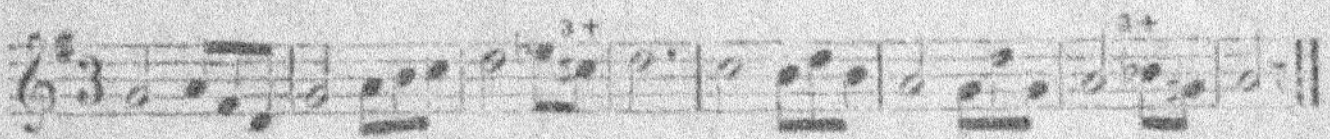

Pourquoi dans ces exemples la tierce diminuée n'offre-t-elle aucune difficulté? c'est que la phrase mélodique remplit les conditions de mon principe, c'est qu'elle fait entendre la note appelée, la note intermédiaire qui lui sert de véhicule, eh bien : c'est ce que l'élève doit toujours faire mentalement, lorsque la mélodie ne le fait pas elle-même. Supposez maintenant que la phrase de *Guillaume Tell*, soit écrite ainsi :

Voilà la difficulté qui reparaît en partie, car elle est encore diminuée par la présence du *ré* qui précède et qui suit :

Tous les exemples peuvent aussi se résoudre par le même moyen, qui consiste à rendre l'intervalle diatonique en sous-entendant les notes intermédiaires.

(**Voyez** les exemples à la page 23.)

DIXIÈME LEÇON

DE L'INTERVALLE DE QUARTE DIMINUÉE.

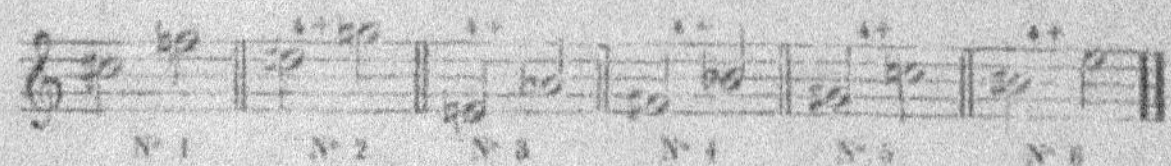

Cet intervalle très étrange a besoin d'être analysé et bien compris pour pouvoir être pris avec facilité. Le procédé est toujours le même, il consiste à faire entendre les notes sur lesquelles doivent se sauver les notes appellatives, et par ce moyen rendre l'intervalle *mélodique* et même *diatonique*. Je ne donnerai l'analyse que du premier exemple : *ut* ♯, *fa* ♮. Il est évident que l'*ut* ♯ demande à se sauver sur le RÉ, et que le *fa* demande également à descendre sur ce même RÉ, ce qui donne une mélodie en *ré* mineur :

EXEMPLE : 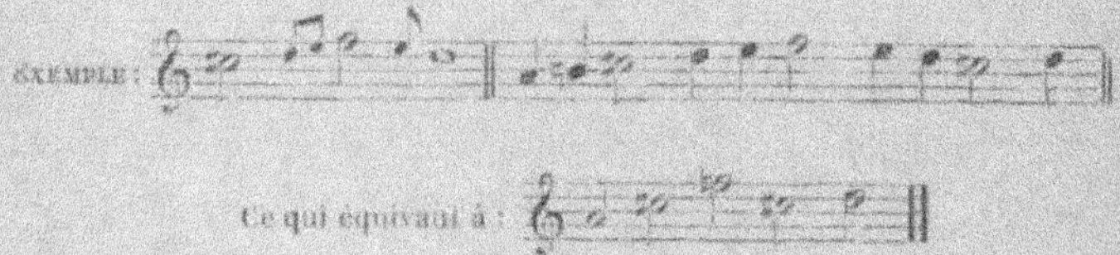

Ce qui équivaut à : 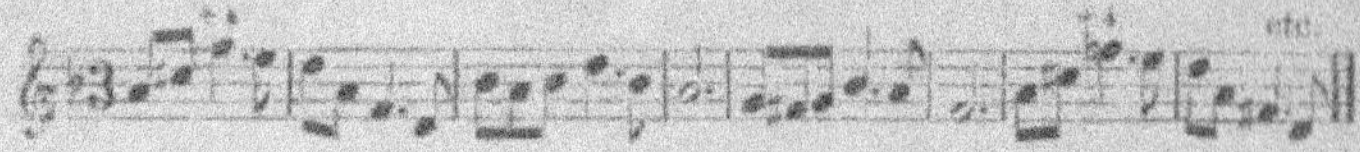

Le passage ainsi rendu diatonique, n'offre plus la moindre difficulté.

L'exemple 1 est en RÉ MINEUR ; le n° 2, est en MI MINEUR, le n° 3, est en FA MINEUR ; le n° 4, est en SOL MINEUR ; le n° 5, est en LA MINEUR ; le n° 6, est en UT ♯ MINEUR.

La mélodie de Schubert *la Sérénade* contient cet intervalle mélodique, et cependant tout le monde l'a chanté sans se douter de la difficulté, voici la phrase ravissante :

Il en est de même, si l'intervalle se présente en descendant :

EXEMPLE : 

qui transformé en mélodie nous donne cette phrase :

Exemple tiré de *Robert-le-Diable* :

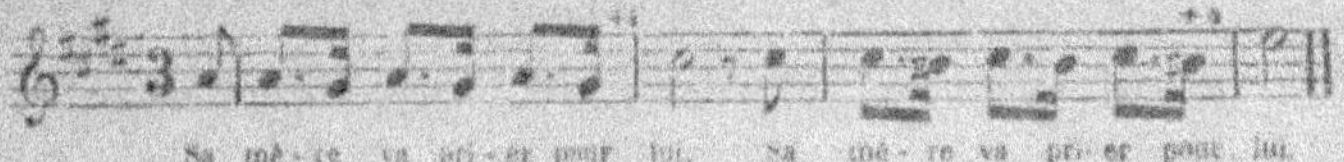

Il est évident que le *sol* ♯ demande à monter au *fa* et que le *si* ♯ demande à monter sur l'*ut* ♯ dont il est la note sensible, et une fois l'*ut* ♯ entendu, il ne reste plus qu'une tierce mineure très-facile, ce passage peut donc se résumer ainsi :

Je ne puis m'empêcher de faire encore remarquer combien cet intervalle *si mi*, diffère de celui *ut mi*, qui pourtant est identiquement le même sur le piano, mais ses rapports sont si diamétralement opposés; que leur physionomie diffère du blanc au noir, et en effet, chantez *ut mi*, c'est un accord parfait qui laisse votre oreille dans un repos complet. Chantez maintenant *si* ♯ *mi*, la tonalité de cet intervalle est l'*ut* ♯ *mineur*, le *si* ♯ la réclame impérieusement, et le *mi* présente la physionomie de la tierce mineure de sa tonique. Vous n'avez plus qu'un intervalle glissant de partout et qui vous demande un repos final.

La différence essentielle, différence harmonique, qui distingue ces deux intervalles, c'est que *ut, mi* tierce majeure est composée de deux tons entiers, tandis que l'intervalle de quarte diminuée, *si* ♯ *mi*, est composé de deux demi-tons et d'un ton entier.

ONZIÈME LEÇON.

DE L'INTERVALLE DE QUARTE AUGMENTÉE.

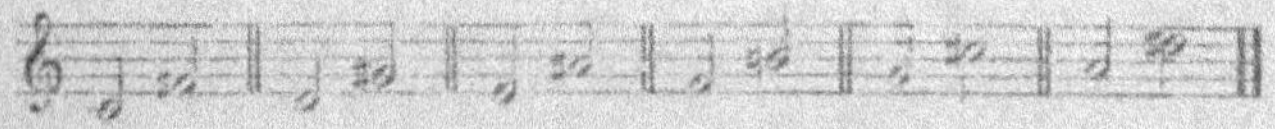

Cet intervalle s'il est isolé est assez difficile, mais pour peu qu'on veuille examiner que dans le n° 1, par exemple : *ut fa* ♯, le *fa* ♯ n'étant que la note sensible qui demande à glisser sur le *sol*, c'est par la quinte ou par l'accord parfait, sousentendu, qu'il faut prendre le *fa* ♯.

Il est clair que si l'oreille entend :

Dès que le *sol* sera établi dans l'oreille le *fa* ♯ n'offrira plus aucune difficulté du moment que l'oreille entend par avance ce *sol* tant désiré, vous pouvez rester suspendu sur ce *fa* ♯ dont la justesse ne laissera rien à désirer parce que le *sol* qui est en perspective le maintient en sûreté à sa place glissante.

Voici une phrase tirée de ROBERT LE DIABLE dans laquelle sont employés les intervalles de *deuxième augmentée*, de *quarte augmentée*, et de *septième sensible* :

EXEMPLE.

On voit clairement que le *ré* ♯ se devine par le *mi*, que le *fa* ♯ se devine par le *sol*.

Je parlerai plus tard de l'enharmonie obligée qui transforme le dernier *ré* ♯ en *mi* ♭ faute de quoi, la rentrée du ténor sur ce *ré* ♯, serait de toute impossibilité. (*Voyez page* 27.)

Je dois signaler ici l'immense différence qu'il y a entre la *quarte augmentée*, *ut fa* ♯, et la *quinte diminuée ut sol* ♭. Ces deux intervalles n'ont entr'eux aucun rapport, aucune analogie, aucun lien de parenté ; leur tendance est diamétralement opposée.

Dans la *quarte augmentée*, l'*ut* est tonique et le *fa* ♯ n'est qu'une note sensible qui appelle invinciblement le *sol*. (*Voyez* ex. 1ᵉʳ). Dans la *quinte diminuée ut sol* ♭, c'est tout le contraire, si on continue à entendre l'*ut* comme tonique. le *sol* ♭, est imprenable, impossible, parcequ'il n'a aucune affinité avec l'*ut* comme tonique.

Mais si vous considérez, si vous entendez cet *ut* comme note sensible du ton de *ré* ♭, à l'instant, le *sol* ♮ qui appartient de droit à la tonalité de *ré* ♭, se présente naturellement à l'oreille, et demande à descendre sur le *fa* tierce majeure de *ré* ♭, et dès lors c'est tout simplement une des intonations les plus naturelles et les plus faciles. (Ex. 2.)

Toute la difficulté vient de ce qu'on est naturellement porté à prendre l'*ut* comme tonique, la preuve c'est-que si au lieu de prendre cet exemple par *ut sol* ♭ vous le prenez par *si fa*, ce qui est la même chose, il n'y a plus la moindre apparence de difficulté, parceque vous ne serez jamais tenté de regarder le *si* comme tonique, mais bien plutôt, et toujours comme note sensible. Cela provient de ce que la tonalité d'*ut majeur* est plus usuelle que celle de *ré* ♭, et qu'on est toujours entraîné à regarder l'*ut* comme une tonique.

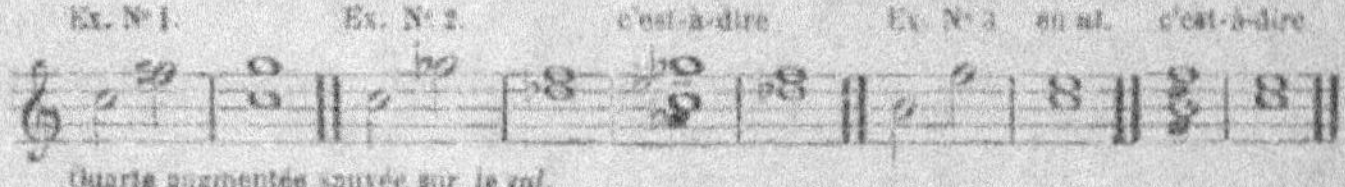

Quarte augmentée sauvée sur le *sol*.

DOUZIÈME LEÇON.

DE L'INTERVALLE DE QUINTE AUGMENTÉE.

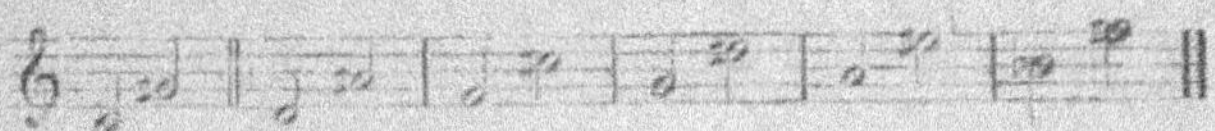

Le procédé pour assurer l'intonation de la quinte augmentée est le même que pour la quarte augmentée. En effet dans l'exemple *ut sol* ♯, il est évident que le *sol* ♯ appelle le *la* dont il est la note sensible, or si la tonique a été posée avec assurance, et que le *la* sixte du ton d'*ut* qui va devenir une tonique lui-même, puisque le ton *la mineur* est appelé invinciblement par le *sol* ♯. Si dis-je le *la* est présent à votre oreille, le *sol* ♯ n'offrira plus de difficulté :

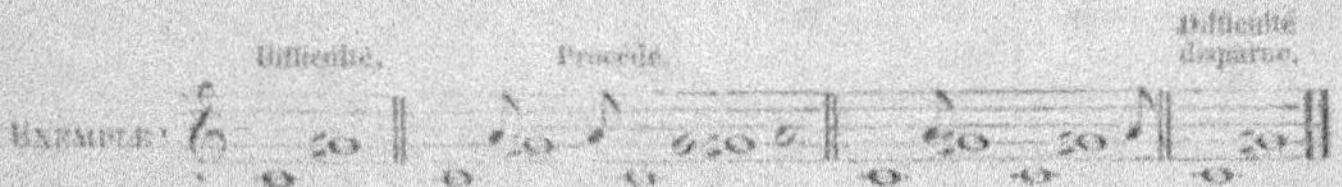

Vous pouvez rester suspendu sur ce *sol* ♯ sans danger, parce que le *la* qui est présent et en perspective le maintient forcément à sa place comme sa note sensible. On peut encore avoir recours au *fa naturel* pour prendre le *fa* ♮ et dire :

Voici une mélodie de Rossini dans laquelle la quinte augmentée est préparée par le *fa* naturel, et la tierce diminuée *fa ré* ♯, est sauvée par le *mi* qui la précède :

Dans ces exemples on voit que le *sol* est toujours en perspective pour assurer l'intonation du *fa* ♯, et le *mi* pour assurer le *ré* ♯.

———

TREIZIÈME LEÇON.

DE LA SIXTE AUGMENTÉE

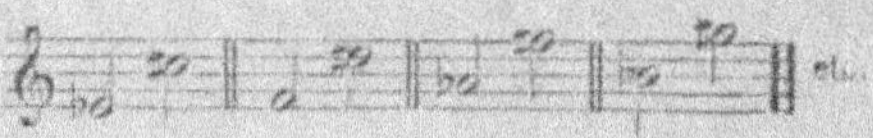

Ici l'opération est plus compliquée parce qu'il y a deux notes appellatives. Dans l'exemple *mi* ♭ et *ut* ♯, le *mi* ♭ tend à descendre sur le *ré*, et l'*ut* ♯ tend à monter sur le *ré octave*, de manière que c'est par l'octave *ré*, qu'il faut résoudre la difficulté et faire entendre à l'oreille les deux *ré* pour qu'elle arrive à pouvoir s'arrêter avec assurance sur les deux pentes glissantes, sur les deux suspensions *mi* ♭ *ut* ♯.

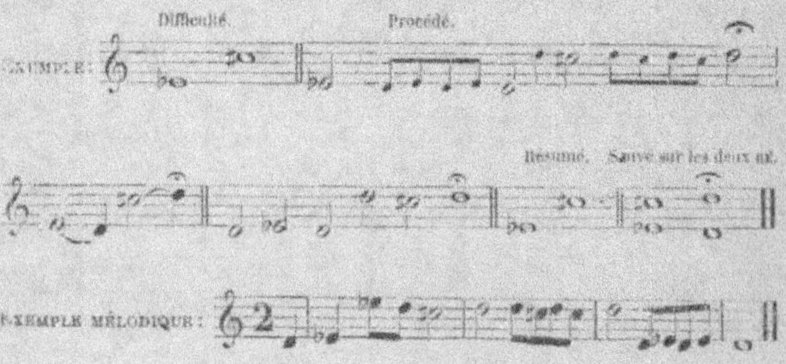

Tous les intervalles quelque irréguliers qu'ils soient peuvent être facilités par les mêmes procédés parce que dans tous, il y a des notes appellatives, qu'il faut sauver sur une note de repos. Si l'élève s'habitue à faire ce travail mentalement il parviendra bien vite à le faire instantanément, et alors toute difficulté disparaît.

Ce travail peut paraître abstrait aux personnes qui n'ont encore aucune connaissance de la lecture musicale, mais je répéterai ici ce que j'ai dit dans les premières pages de cet ouvrage : « *Toute personne qui sait chanter la gamme « naturelle avec assurance, peut se mettre en état de prendre sans difficulté et avec « certitude tous les intervalles possibles.* »

En dehors même des procédés infaillibles que j'ai indiqués je pourrais prouver encore qu'on peut réduire toutes les difficultés en intervalles naturels et diatoniques.

Leçon bizarre en intervalles naturels :

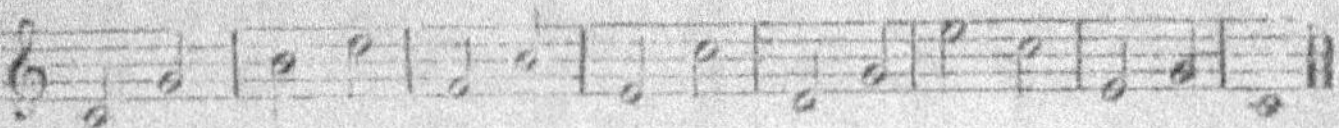

Même leçon réduite au système diatonique :

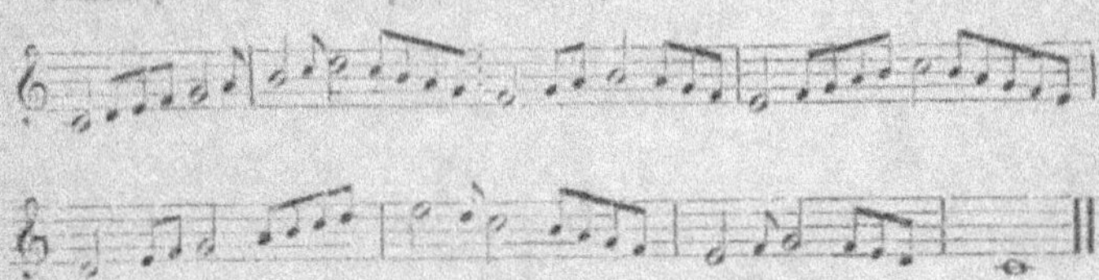

Leçon avec des intervalles altérés :

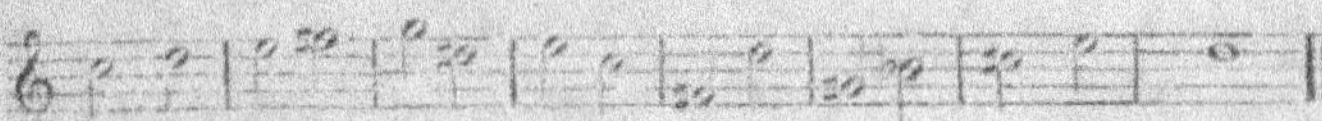

Même leçon réduite au système diatonique :

Cette leçon qui est atroce devient facile par le remplissage de toutes les notes intermédiaires.

QUATORZIÈME LEÇON.

DE LA SEPTIÈME DIMINUÉE

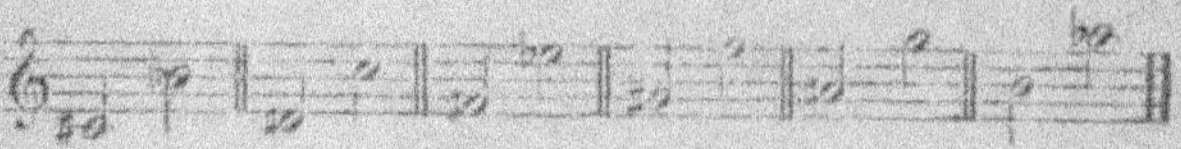

Cet intervalle est composé de deux notes appellatives qui tendent invinciblement à se sauver sur un repos qui est toujours un accord parfait mineur.

Voici les six intervalles ci-dessus sauvés chacun sur leur accord parfait
mineur.

Dans le premier exemple on voit que l'*ut* ♯ monte sur le *ré* qui est sa
tonique, et que *si* ♭ descend sur le *la*, qui est la quinte de l'accord parfait
en *ré*. Il en est de même des autres exemples.

Nota. Il est rare que cet intervalle ne soit pas complété par les notes intermédiaires qui en constituant l'accord de *septième diminuée* en facilite beaucoup
l'intonation.

EXEMPLE :

EXEMPLE MÉLODIQUE :

QUINZIÈME LEÇON.

DE L'ENHARMONIE.

Je ne m'appesantirai pas sur l'enharmonie parce que cela me conduirait plus loin que ne le comporte le but de cet ouvrage. Je ne veux pas parler aux élèves de solfége des demi-tons enharmoniques, je veux seulement dire qu'on entend par enharmonie le changement d'un *ut* ♯ en un *ré* ♭, d'un *fa* ♯ en un *sol* ♭, et qu'on peut par ce moyen faciliter les intonations les plus difficiles.

Je dirai même que c'est le seul moyen de rendre lisible certains passages, peut-être peu mélodiques, mais qui se présentent souvent dans la musique savante. La raison est que le *sol* ♯ et le *la* ♭, par exemple, n'ont entre-eux aucune relation, que le *sol* ♯ appartient à une tonalité diamétralement opposée à celle du *la* ♭, de manière que si le lecteur voit un *la* ♭ changé en *sol* ♯, il doit à l'instant se transporter dans une autre région harmonique, au lieu d'être dans l'hémisphère du ton de *la* ♭, il doit subitement se transporter dans l'hémisphère du ton de *mi majeur* dont il a la tierce majeure.

Voici un exemple *inchantable*, *indéchiffrable*, qui peut défier tous les lecteurs présents, passés et futurs, c'est un exemple qui n'est qu'un problème d'une difficulté invincible et qui cependant au moyen de l'enharmonie devient aussi facile que *ut*, *mi*, *sol*, *ut*.

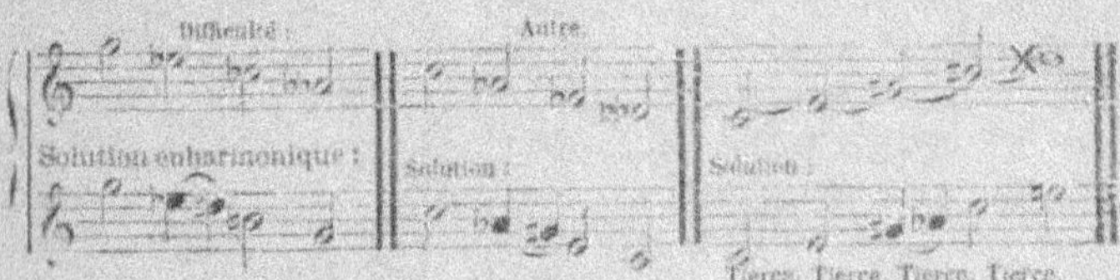

On peut voir que du *sol* au *mi* ♭ il y a une tierce majeure, que du *mi* ♭ à l'*ut* ♭, il y a encore une tierce majeure, et que de l'*ut* ♭, au *la* double-bémol, il y a encore une tierce majeure,

Ces trois tierces majeures n'ont entre elles aucune relation, et le seul moyen de pouvoir les chanter c'est de les isoler. Ainsi vous direz : ⟪♪⟫ rien n'est plus facile. Maintenant changez ce *mi* ♭ en *ré* ♯, l'*ut* en *si*, et oubliez entièrement tout ce qui précède, que vous reste-t-il ? ⟪♪⟫ c'est-à-dire une tierce majeure en *si majeur*. Maintenant il vous reste l'*ut* ♭, que vous avez déjà transformé en *si* ♯ et le *la* ♭♭, qui devient un *sol*, donc : *si*, *sol*, tierce majeure en *sol*. Eh bien, si vous savez vous isoler à chaque tierce, il en résulte que vous avez trois fois une simple tierce majeure. Mais si vous conservez le moindre souvenir de celle qui précède vous n'arrivez jamais à prendre ces trois intonations, parceque elles n'ont aucune relation entre-elles.

Il en est de même de la gamme suivante sans demi-tons, qui procède par tons entiers jusqu'au bout. C'est contre nature, c'est atroce, absurde, impossible, je le veux bien ; mais si je vous donne le moyen de chanter facilement une chose impossible, croirez-vous que mon procédé, mes règles, mes principes, ma méthode, sera utile pour chanter les choses usuelles ?

Voici donc cette affreuse gamme qui défie tous les lecteurs.

Cependant rien n'est plus simple ! et voici le procédé avec lequel on parviendra à chanter cette gamme avec assurance jusqu'au bout, et c'est un résultat prodigieux.

Au lieu de considérer cela comme une gamme, il faut le diviser en trois fragments de gammes différentes.

Premier fragment : ut, ré, mi, tierce majeure en ut, arrêtez-vous.

Deuxième fragment : le mi au lieu d'être une tierce devient une tonique : mi fa ♯, sol ♯, tierce majeure en mi ; c'est encore très-facile.

Troisième fragment : le sol ♯ au lieu de rester tierce du ton de mi devient à son tour une tonique du ton de sol ♯ majeur.

Donc sol ♯, la ♯, si ♯, tierce majeur, c'est encore très-facile, si vous avez su entendre une tonique, à chaque fragment. Que vous reste-t-il ? si ♯, ut ✗, qui est une simple seconde ordinaire comme ut ré. Il n'y a rien au monde de plus simple. Voici le résumé de la difficulté résolue :

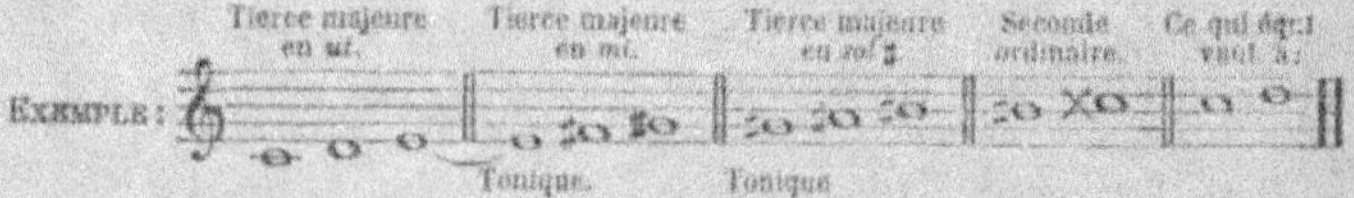

Il est évident qu'en divisant cette gamme, qui dans son ensemble est une monstruosité, la difficulté disparaît, du moment où l'oreille se repose sur le mi comme tonique, et ensuite sur le sol ♯ comme nouvelle tonique, et ainsi jusqu'à la fin. Ce travail paraîtra peut-être bien difficile, bien ardu aux lecteurs, mais il ne faut pas juger de la difficulté d'une langue dont on ne connaît pas la syntaxe, et je puis assurer que pour toute personne douée d'une *organisation ordinaire*, le résultat final sera obtenu après quelque mois d'application des principes que je viens d'exposer.

Je donnerai ci-après quelques exemples contenant des intonations très-difficiles, bizarres et baroques, que je mets ici pour exercer les élèves qui se sont déjà nourris de mes procédés, et pour lesquels ces exercices seront, ce qu'est à un danseur, l'application de semelles de plomb dans sa chaussure.

Je reviens volontiers à un passage de *Robert le Diable* qui contient non-seulement trois intervalles altérés très-difficiles, mais qui contient en outre un exemple enharmonique très-curieux et sans lequel la partie du ténor qui entre

en plein *mi* majeur sur un *si* ♮ qui est la *deuxième augmentée* du *la* ♭ tenu par
le soprane devient impossible. Ainsi le soprane est en plein *la* ♭ et le ténor est
en plein *mi* majeur. Et bien, au lieu d'entendre ce dernier *si* ♮ qui semble
vouloir se sauver sur l'*ut*, considérez-le par une feinte, comme la quinte du ton
de *mi* majeur, en transformant par une enharmonie le ton de *la* ♭ en *sol* ♯.
Cette rentrée de ténor jusqu'à présent presque impossible devient très-natu-
relle et n'offre plus la moindre difficulté.

Voici le passage écrit d'abord comme il est dans la partition et puis écrit
avec l'enharmonie qui le rend facile, (je l'écris à $\frac{6}{8}$ pour le rendre plus facile
à comprendre).

Voici comment le ténor doit considérer la phrase du soprane pour pouvoir
entrer avec assurance.

La substitution du *sol* ♯ au *la* ♭ vous jette de suite au *mi* majeur, dès lors le
ténor n'a plus de difficulté.

Ce même passage transposé en *ut* offre une solution pratique bien plus facile.

Il est bien clair du moment qu'au lieu du *ré* ♯ vous supposez un *mi* ♭ au soprane la rentrée du ténor n'a plus rien que de très-naturel puisqu'elle est
en plein *la* ♭.

Je me suis appesanti sur ce passage parce qu'il contient les plus grandes
difficultés de l'intonation, savoir la seconde augmentée, la quinte augmentée,
la septième et l'enharmonie.

Dans le passage suivant de *Robert le Diable*, Meyerbeer module de la manière la plus étrange et la plus heureuse. Il passe du ton *mi* ♭ en *mi majeur*, et avec une audace admirable, il rentre en *mi* ♭ dans la même mesure par une feinte, je dirai même en trichant d'une manière charmante :

Remarquez que le *sol* ♯ de la basse rend à peu près impossible la rentrée du soprane par le *mi* ♭, attendu que le *sol* ♯ appartient dans ce passage au ton de *mi majeur* qui est à une distance immense du ton de *mi* ♭ avec lequel il n'a aucune relation harmonique. Il faut que le soprane se tienne des pieds et des mains accroché à son ton de *mi* ♭, dont la basse par sa rentrée en *mi* tend à le faire sortir, et la basse elle-même, a besoin de se cramponer au ton de *mi* ♭, malgré le *la* ♯, pour ne pas se laisser entraîner malgré elle dans le ton de *mi majeur*, car voici la cadence naturelle de ce passage.

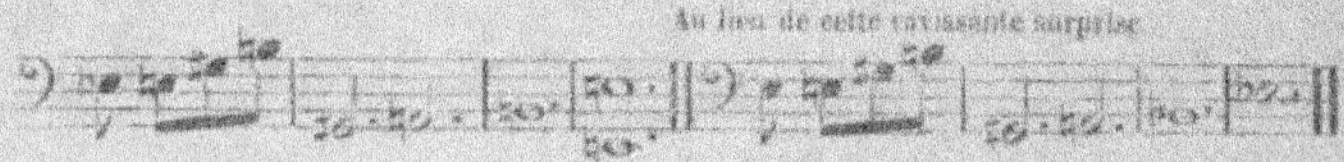

Je terminerai cet opuscule par quelques exercices dans lesquels j'ai réuni des intonations difficiles, recherchées, exagérées, étranges, baroques même ; ce sont des tours de force que je ne présente que pour démontrer l'infaillibilité de mes procédés, car je suis convaincu qu'un lecteur qui s'est familiarisé avec ces procédés, pourra lire ces passages sans trop de difficulté.

EXERCICES D'INTONATION

EXERCICES TRÈS DIFFICILES, BIZARRES ET BAROQUES.

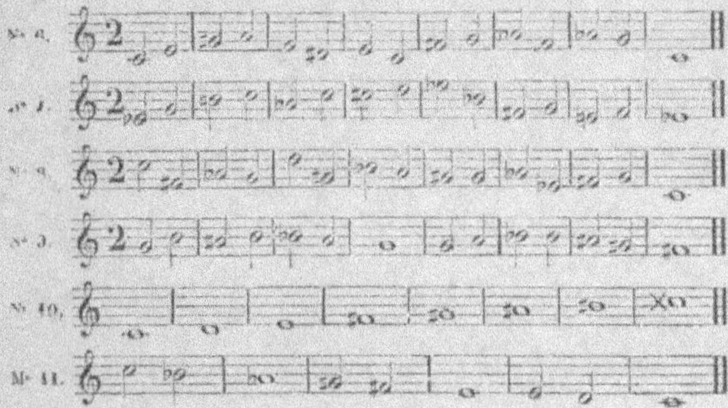

Les exercices ci-dessus présentent des difficultés d'autant plus grandes qu'ils sont dénués de toute forme mélodique. Ces intonations bizarres ne se présentent jamais ainsi dans la musique et je ne les donne que comme étude d'une extrême difficulté pour prouver qu'avec l'application des procédés que j'ai exposé dans cet ouvrage on peut applanir les difficultés les plus insurmontables

Je complète cet ouvrage par le tableau de tous les intervalles altérés, en indiquant les repos sur lesquels les notes appellatives demandent à se sauver ; car je le répète pour la dernière fois et j'insiste là-dessus ; *dans tous les intervalles altérés, il y a au moins une note appellative qui demande à glisser, à se reposer sur une note fixe ou consonnante*, et que c'est en cela que consiste le nouveau procédé, procédé infaillible, qui fait le sujet de cet ouvrage.

Tableau de tous les intervalles altérés :

J'ai cru pouvoir donner le moyen de rendre faciles tous les exemples précédents au moyen de mon procédé ; un dernier exemple se présente à moi, dont la solution offre vraiment une grande difficulté et qu'on peut, je ne dirai pas faire disparaître, mais diminuer beaucoup, par un procédé qui dépasse je crois les forces des élèves, parce qu'il exige quelques connaissances harmoniques, ou du moins une organisation supérieure.

Ce passage, est tiré du *Stabat mater* de Rossini. C'est à mon avis l'intonation mélodique la plus difficile que je connaisse, si vous isolez le chant de l'accompagnement de piano.

La grande difficulté est sur ces mots, *Jesum in tormentis*. En effet jusqu'au mot *Jesum*, la mélodie est en *la mineur* et tout à coup, le *fa* qui suit, se trouve transporté dans le ton du *ré bémol*, ton diamétralement opposé à celui de *la mineur* n'ayant avec lui aucun lien de parenté ; de manière que le passage *jesum in tormentis*, se trouvant étroitement lié à deux modulations antipathiques, devient d'une difficulté extrême qui ne peut-être vaincue que par l'accompagnement qui se charge de vous transporter lui-même sans fatigue et sans danger du ton de *la mineur* dans celui de *ré bémol*, c'est ainsi qu'au moyen de l'accompagnement, l'oreille dépaysée à son insu par ce ravissant procédé harmonique se trouve transportée en *ré bémol* et revient à l'instant en *la mineur*, sans s'en apercevoir.

Voici le procédé que Rossini lui-même a donné pour rendre naturelle et facile la mélodie la plus inchantable que je connaisse.

L'harmonie de l'accompagnement sur le *mi* en change tout à fait le caractère diatonique. Ce *mi* au lieu de rester la quinte de *la mineur*, devient la *seconde augmentée* du ton de *ré bémol* et par conséquent une note appellative du *fa* qui devient à son tour tierce majeure du ton de *ré bémol*.

Il faut s'isoler à l'instant sur le *fa*, le considérer comme tierce majeure de *ré bémol* et de ce moment la difficulté disparaît. Je n'ose pas dire que ce travail soit facile, mais enfin c'est le seul moyen d'analyser cette difficulté et de la rendre abordable.

Je ne quitterai pas ce passage sans faire observer que la transition serait bien plus naturelle et peut-être un peu moins difficile, si au lieu d'écrire la modulation en *ré bémol*, Rossini l'avait écrite en *ut dièse*.

EXAMPLE.   etc.

J'ai insisté sur ce passage parce qu'il est une application exacte des procédés que je préconise et que l'accompagnement fait le travail que le lecteur doit faire lui-même mentalement s'il est privé de son secours.

Je terminerai ici les exemples d'intonations difficiles parce que tous peuvent s'analyser, se résoudre par les mêmes moyens, et si dans ces dernières pages j'ai poussé trop loin l'application de mes procédés, si certaines explications dépassent les forces des jeunes élèves et exigent des connaissances harmoniques, qu'on me pardonne au moins la bonne intention et qu'on les laisse comme un objet de curiosité pour les personnes plus avancées et en état de les comprendre.

Du même auteur : 1er SOLFÈGE ABÉCÉDAIRE A UNE VOIX, à l'usage des écoles primaires des collèges et des pensionnats, édition populaire. — 2e SOLFÈGE ABÉCÉDAIRE A DEUX VOIX, pour faire suite au précédent, chaque prix net : 1 fr. 25 c.

Meaux. Typographique de TASTENVOLDE, 8, rue Neuve-des-Postes.

Extrait du Catalogue MACKAR & NOEL, Éditeurs-Commissionnaires

22, Passage des Panoramas (Grande Galerie)

Propriétaires des œuvres de P. TSCHAIKOWSKY, GOTTSCHALK, PRUDENT, ALARD, des Archives du Piano
et de la Méthode A. LE CARPENTIER.

Dépositaires de l'édition CHANOT, spécialement consacrée à la musique de Violon.

NOUVELLES PUBLICATIONS

PIANO

OUVRAGES THÉORIQUES

LAVIGNAC (A.)	L'École de la Pédale du Piano, net	15	»
SAVARD (E.)	Cours élémentaire théorique et pratique des Principes de la Musique . . . net.	1	»
—	Corrigé des Devoirs du Cours élémentaire théorique et pratique des Principes de la Musique . . . net.	0 30	

PIANO A 2 MAINS

CHAVAGNAT (E.)	Souvenir d'Anian, deux pièces dans le style ancien :		
	Nᵒˢ 1. Sarabande	5	»
	2. Rigaudon	5	»
COMETTANT (O.)	Salut à Melbourne, marche	7 50	
GARIBOLDI (G.)	Sonatine Nᵒ 3, en ré	6	»
GOTTSCHALK (L. M.)	Op. 14. La Jota aragonesa, édit. fac.	5	»
—	Op. 15. Le Banjo, édition facile	5	»
—	Op. 59. Pasquinade	5	»
—	Op. 72. La Radieuse —	5	»
HUET (W.)	Impromptu	6	»
—	La Fileuse	5	»
LEFEBVRE (CH.)	Prélude d'Éloa	3	»
MATHÉ (E.)	Premier impromptu	6	»
RENÉ (CH.)	Veillée de Décembre, recueil de 7 pièces dédié à Léo Delibes :		
	Nᵒˢ 1. Dans la Neige.		
	2. Flamme du Foyer.		
	3. Bruits de Fête.		
	4. Berceuse.		
	5. Hymne au Sommeil.		
	6. Feu follet.		
	7. Marche fantastique.		
	Réuni . . . net.	5	»
MOUGNON (P.)	Op. 105. Valse-Rêverie	6	»
—	Op. 106. Chanson de l'Aïeule	5	»
TSCHAIKOWSKY (P.)	Op. 2, Nᵒ 2. Scherzo en fa majeur joué par Rubinstein, net	2	»
—	Op. 9, Nᵒ 3. Mazurka de Salon, net	2	»
—	Op. 43, Nᵒ 3. Élégie extraite de la sérénade à cordes . . . net.	2	»
—	Op. 66. La Belle au bois dormant, ballet en 3 actes :		
	Partition Piano seul . . . net.	15	»
	La même, édition facilitée —	15	»
	Morceaux détachés :		
	Nᵒˢ 1. Valse. . . . net.	2	»
	2. Quadrille	1 50	
	3. Polka	1 50	
	4. Mazurka	1 50	
	Pot-pourri	3	»
	Nᵒ 6. Valse par Ziloti. —	3	»
VIGNEAUX (J.)	Op. 6. Pierrot à Pierrette	5	»
—	Op. 7. Aubade andalouse.	6	»
VINCENT (AUG.)	Op. 1. Au Printemps, caprice	6	»
—	2. Souvenir d'Ostende, valse	6	»
—	3. Les plus beaux Yeux, mélodie de Stigelli	5	»

(colonne de droite)

VINCENT (AUG.)	Op. 6. La jeune Mère, mélodie de Schubert	6	»
—	14. La Bannière étoilée, chant national américain.	6	»
—	19. Souvenirs et Regrets, romance sans paroles	5	»
—	21. L'Oiseau chanteur, capr.	5	»
—	24. Dernier Adieu, élégie.	5	»
—	25. Menuet du Régent	6	»
—	26. Madrilena, 1ʳᵉ chanson espagnole.	6	»
—	28. La Déclaration, duetto.	6	»
—	29. Le Galoubet, souvenir du Béarn	5	»
—	32. Capriccio	6	»
—	41. Rêve de Poète	4	»
—	42. 2ᵉ Chaconne.	5	»
—	43. Pièces mélodiques, recueil dédié à ses amis. . net.	5	»
—	44. Marche triomphale	6	»
—	45. Alza Morena, 4ᵉ chan. esp.	5	»
—	46. Près d'une Source, rêver.	6	»
—	47. Douce Caresse, valse de salon	5	»
—	48. Budapesth, chans. hong.	5	»
—	49. Marche hongroise.	6	»
—	Rose de Mai, schottisch	3	»
—	Sonnez Trompettes ! marche	5	»
—	Menuet de Boccherini	5	»

PIANO A 4 MAINS

LEFEBVRE (CH.)	Pièces à 4 mains :		
	Nᵒˢ 1. Op. 20. Prélude choral	6	»
	2. — 43. Romance	4	»
	3. — 75. Nᵒ 1. Le Retour.	6	»
	4. — 75. Nᵒ 2. Cortège villageois	6	»
STEIGER (CH.)	Douze petits Morceaux à 4 mains	12	»
—	Six petites Pièces faciles à 4 mains	10	»
TSCHAIKOWSKY (P.)	Op. 66. La Belle au bois dormant, ballet en trois actes.		
—	Nᵒ 6. Valse arrangée par Ziloti. . . . net.	3	»
—	Nᵒ 13 bis. Farandole. —	1 50	
—	Nᵒ 22. Valse et Polka. —	1 50	
—	Op. 67. Hamlet. Ouverture fantaisie (à Edvard Grieg). Transcription à 4 mains. net.	7	»

2 PIANOS A 4 MAINS

GOTTSCHALK (L. M.)	Op. 67. Célèbre Tarentelle, arrangée par Sidney Lambert.	15	»

MUSIQUE DE DANSE

POLKAS

HENRION (P.)	Pimpornette.	3	

POLKAS-MAZURKAS

BOUBERT	Marianne.	5	»

VALSES

BANÈS (A.)	Valse du Rêve.	6	»
ITASSE (L.)	La Flamenca, valse espagnole.	6	»
—	Muguets blancs.	6	»
—	Mystères des Bois.	6	»

LITTÉRATURE MUSICALE — F. CHOPIN. — De l'interprétation de ses œuvres, par J. KLECZINSKY, 1 vol. in-16. — Net. 2 fr.

PIANOS DE LA MAISON GAVEAU.

MUSIQUE DE CHANT

OUVRAGES THÉORIQUES

BUSSINE (R.)... *Vocalises*... 10
DURAND (E.)... *Solfège à deux voix, sans ac.*, net 2 50
    Cartonnage... net 0 25
— Le même avec accomp... net 6
    Cartonnage... net 0 30
ROUGNON (P.)... *40 Leçons de Solfège*, manuscrites à changements de clés (à J. Massenet)... net 6

MÉLODIES, ROMANCES

COMETTANT (O.)... *Le Sydney*, chanson... 4
— *Bagatelles*, chanson... 4
DIET (E.)... *L'Aube qui se lève*, mélodie... 5
FALKENBERG (G.)... *Chanson d'Avril*, avec accompagnement simplifié... 5
GOTTSCHALK (L. M.)... Op. 59. *Pasquinade*, chanson... 5
LACHEURIE (E.)... *J'ai dit à mon Cœur*, mélodie... 5
MATHÉ (E.)... *A Margot*, mélodie... 5
RENÉ (CH.)... *Barcarolle*, N° 1. Mezzo ou baryton... 3
— *En Route*, N° 1... 5
RENAUD-MAURY... *Sombrero*, chanson espagnole... 5
SELMER (J.)... *L'Angelus*, mélodie, d'après le tableau de Millet, paroles françaises, anglaises, allemandes et scandinaves. 3 tons, ch. net 2
TSCHAIKOWSKY (P.)... Op. 38, N° 2. *Printemps, Jeunesse*. Net 2
    Op. 63. Six mélodies :
    N° 1. *Sérénade*... 3 tons ch. 1st. 1 50
    2. *Déception*... 1
    3. *Sérénade*... 2
    4. *Qu'importe que l'hiver*... 1 50
    5. *Les Larmes*... 1 50
    6. *Rondel*... 1
    Les 6 réunies... net 6
VERRIMST (V. F.)... *1er Sourire du Printemps*, mélod. 5
WIERNSBERGER... *Sur la Plage*, rêverie. 2 tons... 5
WOOLLETT (H.)... *Les Tristesses*,
    N° 1. *Amor*... 3
    2. *Solitude*... 3
    3. *L'Inoubliable*... 6
    4. *Résignation*... 5

DUOS

TSCHAIKOWSKY (P.) Op. 46, N° 3. *Larmes humaines*. Net 2
    Op. 46, N° 6. *L'Aube*... 2 50

CHŒURS

DIET (E.)... *Une Noce en Finlande*, solo et chœurs avec accompagnement de piano... net 2
LEFEBVRE (CH.)... *Chœur d'Esther*, à deux voix de femmes, avec ac. de piano, net 1 50
VERRIMST (V. F.)... *N.-D. des Flots*, ch. à 3 voix, net 2

MUSIQUE RELIGIEUSE

GUEROULT (A.)... *Ave Maria*, avec violoncelle... 5
— *Tantum Ergo*, à 4 voix... 6
LEFEBVRE (CH.)... *Stabat Mater*, solo de soprano (à Mme Krauss)... 6
LENEPVEU (CH.)... *Messe de Mariage*... net 3
SIVIEUDE (E.)... *Ecce Panis*... 5
VERRIMST (V. F.)... *4e Messe brève*, à 3 v., partit., net 3
    Chaque partie... 1

MUSIQUE INSTRUMENTALE

VIOLON ET PIANO

CHAVAGNAT (E.)... *Mes Intimes*, 4 pièces :
    N° 1. *Berceuse*... 6
    2. *Menuet*... 7 50
    3. *Vieille Ronde*... 9
VERRIMST (V. F.)... *Six petites pièces faciles* :
    N° 1. *Prélude*... 3
    2. *Chanson à boire*... 3
    3. *Petits Coquets*... 3
    4. *Marche religieuse*... 3
    5. *Air de Danse*... 3
    6. *Inquiétude*... 3
    Les six réunies... 10
TSCHAIKOWSKY (P.) Op. 48, N° 2. *Valse* extraite de la sérénade pour instruments à cordes... net 2 50
    N° 3. *Élégie* do... net 2 50

VIOLONCELLE ET PIANO

RENÉ (CH.)... *Deux pièces* :
    N° 1. *Berceuse-Ballade*... 7 50
    2. *Caprice*... 9

FLUTE ET PIANO

GENNARO-CHRÉTIEN. *Idylle*... 7 50
TAFFANEL (P.)... *Arioso*, extrait de l'op. *Eugène Onéguine*, de Tschaïkowsky, net 2

CONTREBASSE A 4 CORDES

VERRIMST (V. F.)... *Méthode*... 20
— *Solfège du Contrebassiste*... 20
    Quatre Morceaux de concours avec accompagn.t de piano.
    N° 1... 12
    2... 12
    3... 12
    4... 12

ORGUE OU HARMONIUM

GUILMANT (A.)... *Méditation*, de Ch. Lefebvre, net 2
MARTY (A.)... *L'Art de la Pédale du Grand orgue* (à César Franck)... net 5
TSCHAIKOWSKY (P.) Op. 40, N° 2. *Chanson triste*, transcrite par Toby... net 1
— Op. 40, N° 3. *Chant s. Paroles*, transcrit par Toby... net 1

ORCHESTRE

BANÈS (A.)... *Valse du Rêve*, orch. complet, net 2
    Chaque partie suppl. cordes, net 0 20
ITASSE (L.)... *La Flamenca*, orch. complet, net 2
    Chaque partie s. cordes, net 0 20
— *Muguets blancs* do
— *Mystères des Bois* do
LEFEBVRE (CH.)... Op. 70. *Prélude d'Éloa*, orchestre complet... net 2
    Chaque partie suppl. cordes, net 0 25
MARÉCHAL (H.)... *Feuillets d'Album*.
    Suite d'orch. d'ap. A. Chauvet
    Partition... net 5
    Parties séparées... 6
    Parties supplém. cordes, ë... 1
    La même pour piano solo, net 3
TSCHAIKOWSKY (P.) Op. 66. *La Belle au Bois dormant*, Ballet en 3 actes, Parties séparées.
    Op. 67. *Hamlet*, Ouverture fantais (A. Edvard Grieg.)
    Partition d'orchestre... net 15
    Parties séparées... 25
    Parties sup. cordes, chaque... 2 50
    Réduction à 4 mains... 7